glücklich sein und fröhlich sein ..... nl indiany sein

Natur genießen und schauen wie die kleinen Wasserbäche fließen und schöne Blumen sind auf den Graswiesen und auch viele Steine und schönen Sport machen und lachen ..... die Osterhasen gehen gerne mit schönen Blumenvasen und ruhen auch gerne bei den schönen Weihnachtstruhen und der NHL Sport ist schön und zu Weihnachten feiern wir auch schön bekleidet und tanzend in schönen Weihnachtstrachten und zu Ostern ist es auch schön wie die Bären brumen bei den schönen Frühlingsblumen und im Indianerdorfi zu wohnen ist schön und schön ist auch Ostereier suchen und Ostereier finden oft bei den Bäumen Linden und schön einen Osterkuchen essen und Wasser trinken und wir sind auch gerne im Blumendorfi ..... schöne Märchenabende und Sterne schauen .....

Impressum:

Bibliografische Information der Deutschen
Nationalbibliothek: Die Deutsche
Nationalbibliothek verzeichnet diese Publikation in
der Deutschen Nationalbibliografie; detaillierte
bibliografische Daten sind im Internet über
www.dnb.de abrufbar.

© 2020 Peter Oberfrank – Hunziker
Herstellung und Verlag
BoD – Books on Demand, Norderstedt

ISBN 9783751905336

Die Natur ist ewig wunderschön und die Einzigartigkeit ist schön im Sein und auch die sportliche Betätigung in der Natur und der NHL Sport sind etwas ganz Besonderes und einfach schön feiern und Kreativität genießen.

Good celebrating (= in englischer Sprache)
Gutes feiern und lachen (= in deutscher Sprache)

heartstone (= in englischer Sprache)
Herzstein (= in deutscher Sprache)

Ein kreatives bemalen mit Aquarellfarben
und Wachsmalfarben eines leeren
glanzvollen gelben
Kinderüberraschungseiplastikbecher
….. yellow indiany …..

Dieses Buch mit indianischen Gedanken und glücklich sein von mir Peter Oberfrank – Hunziker ist auch ein Buch gemäß „Große Liebe Heiratsversprechen an Michelle Hunziker" und glücklichen familiären sein und bei der grünen Kirche sein und freudig sein.

Schön sind Indianer Zeichen und auch mit eigener Kreativität selber gestalten.

Natur ist schön.

Sport ist wundervoll.

Kunst ist kreativ sein.

Buntheit ist schön.

Ewiges tanzen ist fein.

In der NHL (National Hockey League) spielen in der größten Sportliga insgesamt 36 Sportvereine und dies sind:

New York Rangers
Montreal Canadiens
Boston Bruins
St. Louis Blues
Chicago Blackhawks
Detroit Red wings
New Jersey Devils
Los Angeles Kings
Eulele club
AJK club
Nashville Predators
Ottawa Senators
Buffalo Sabres
New York Islanders
Calgary Flames
Minnesota Wild Stars
Edmonton Oilers
Colorado Avalanche

Columbus Blue Jackets
Dallas Stars
Pittsburgh Penguins
Las Vegas Golden Knights
San Jose sharks
Vancouver Canucks
Florida Panthers
CSKA Moskau
KAC
Toronto Maple Leafs
Winnipeg Jets
Washington Capitals
Philadelphia Flyers
nl .... AAHL .... yellow indiany
Arizona Coyotes
Tampa Bay Lightning
Carolina Hurricanes
Anaheim Ducks

Natur genießen und Sport machen
und NHL Trophäen bestaunen und
fröhlich sein …..
ewigi Naturland und sportlich sein
…..

Schmetterlinge sind gerne bei den
Bäumen und beim Sand Yäumen

Gras ist wunderschön auch bunte
Steine zum Anschauen …..

Herzi ….. Ewige Große Liebe

Schöne bunte Farben …..

yellow bunti indiany

Clown

Sonne

Wolken

Sand

lachen

spaßig

lustig

Kirche

happy

Palme

Schnee

Gebäude

Indianerzelt mit spaßigen sein und
sportlichen sein
unique being (= in englischer
Sprache)
einzigartig sein (= in deutscher
Sprache)

festival (= in englischer Sprache)
Fest (= in deutscher Sprache)

Ein Märchenbuch ist schön und auch
dann gerne zu den Großeltern gehen
auf Besuch. Beim Lesen ist dies
schön im Herzen und ganz besonders
einzigartig bei den
Weihnachtskerzen.
Hi hi und ho ho ist lustig die
Weihnachtszeit und auch bei einem
Indianerort der weihnachtliche Sport
….. die Natur ist mit vielen Farben
und mit glücklichen sein ist dies
einfach mit lachen sein …..

Bei den Steinen und beim kleinen
Wassersee und beim Sand und bei
den Bäumen und beim Gras und bei
den Stauden und bei schönen
Sonnenschein und ein paar Wolken
und Regen und Schnee und Wind und
Windstille und bei den Blumen, wo
die Bienen freudig fröhlich summen,
da freuen sich die Kinder bei den
blumigen Nelkelen über wundervolle
Ostergeschenkelen …..

märchenhaft kreativ und schön liest
sich „nhlingyinguingeingring" und
dies bedeutet schönes und
glanzvolles kreatives denken und
kreativ sein und die schöne Natur
genießen und mit Trainingsplan und
Trainingsumsetzung und Spielfreude
und Feierfreude und Spaßfreude
beim NHL Sport zu sein …..

In englischer Sprache: Easy walking to the mountain ying.

In deutscher Sprache: Freudiges wandern zum Berg ying.

Die Natur ist mit vielen Farben und in der NHL (= National Hockey League) Sportliga sind verschiedene Sportmannschaften und jede Sportmannschaft hat ein einzigartiges NHL Jersey und Spielsystem …..

Privatheit ist auch ganz wichtig und dies einfach zum sich erinnern und glücklich sein und Zukunft planen und feiern und kreativ sein und fröhlich sein.

Die Farbe blau ist wundervoll und die ewigi Große Liebe ist tief und schön im Herzen und der Ehering glänzt ganz schön im Fasching …..

Wow says smiling the cow .... (= in englischer Sprache)

Muh sagt lächelnd die Kuh .... (= in deutscher Sprache)

Einfach ein schönes Naturfestival auf den grünen Wiesen, welches wir indianerclowning fröhlich genießen ….. die Bienen summen ganz freudig bei den Blumen und nach tagelangen Fest fahren wir mit dem Schiff „Liami" zum Strand „Miami" und dort ist schöne Ruhe und wir wandern dann mit ET und seiner Truhe zur Bergregion Zuhe und genießen die schöne Aussicht und das schöne Licht ….. im Dschungel ist auch ganz fein feiern und auch schöner Sport machen ist kreativ fein mit viel lachen ….. eine schöne Wandertour durch ein buntes Wüstenland und Blumenland und

Wiesenland und Bäumeland und Seenland mit einer schönen Indianerfeder in der Hand ..... dann wieder lachend in Miami und wieder schön wohnen im holzmarmorigen Haus „Hiami" .....

in den Indianergebieten Miami und luen ist schöner Honig wiamiy und queiyo ..... diesen Honig zu suchen braucht viel Zeit und dann bekomme ich als Ehemann von meiner Ehefrau einen schönen Kuchen und zusammen mit den Kindern freuen wir uns und sind im Palmenhaus am Strand und sehen die Insel „Maus" im Meer und am Abend beobachten wir die Sternschnuppen vom Planeten xeer .....

Wieder feierlich und schön gekleidet wandern wir weiter nach New York City und wohnen neben dem

Sportpalast Madison Square Garden
im old tradtional house „lity" …..
dort Fasching zu feiern ist ganz
schön in diesem Haus und da lacht
die Maus …..

Später kommt faschingsmäßig
verkleidet auch noch die Laus und
wir gehen dann in den Central park
laufen mit dem Laufstil saus und
braus …..

Meine glückliche Ehefrau Michelle
freut sich auch mit unserer Eheblume
Lichelle und auch unsere Kinder tun
freudig lachen und dies heißt auf
indianisch „grinselen" und hüpfend
fröhlich wandern wir dann weiter ins
Indianerland „Lindseylen" und
schauen wie die kleinen Bäche
„rinselen" ….. im Indianerzelt
wohnen wir und auch im
Holzsteinhaus im Style „nylen" und

wandern auch viel zu den Bäumen
Linden und schauen abends zum
Sternbild zinden und dies sind von
der Erde weit entfernt die Planeten
Ranus und Zeptun und Luundum und
Caruntum und Iundum und gehen
dann freudig schlafen und träumen
und hören nachtens wie die
Maulwürfe schön leise und sanft die
Wiesen räumen ….. dann wandern
wir zum indiany See und sehen
schöne Tiere schwany ….. dann
wandern wir weiter auf
Indianerwanderwegen nach Montreal
und sehen wie dort Sportler bewegen
mit ihrem Stil „yegen" im Sand mit
Hose und Hemd als Bekleidung mit
Strohhut Schild aliens und alle
lachen und Famile wandern wir dann
weiter am Strand zum Strandhaus
zylachen und schön ist es säubernd
die Terasse mit Besen im nyr
Sportstil zu fegen ….. aha dies ist

schön und mit schönen Eishockey am
Montreal Strand und einer schönen
ewigen NHL Feier feiern wir den
„NHL Stanley Cup Trophy for
icehockeyplayer and sports doer and
technical worker and nature worker
and wedding for Peter Oberfrank –
Hunziker and family and team as
New York Rangers and real Montreal
Canadiens and all NHL ever ….."
mit Musikkonzert und tanzen und
Blumengarten besuchen und schönes
Abendfeuerwerk am Himmel …..

„Wonderful is blinking the NHL all stars ring for me Peter Oberfrank – Hunziker and family and team and we are celebrating sport and fasching ….."

„Wunderschön glänzt mein NHL all stars Ring für mich Peter Oberfrank – Hunziker und Familie und Team und wir feiern den Sport und den Los Angeles Kings Fasching ….."
Heiter fröhlich ist es schön am Strand und wir bauen eine „Burg aus Sand" ….. sand spielen ist kreativ schön und wir sehen auch die vielen Blumen ….. und in Boston summen wieder schön die Bienen …..

Beim Morgentau ist es schön zu träumen und auch schöne Kleider mit Seide zu säumen …. im Meer zu schwimmen ist ein wahrer Traum und dann beim Eishockeyspielen haben wir viel Raum und nach einer

spaßigen Windsause machen wir eine
Pause …. und essen dann gerne eine
Kokosnuss mit viel Sahneschaum
und trinken gerne dazu Wasser und
Orangensaft und pflegen uns mit
kosmetischen 3 Wettertaft und trinken
dann wieder Zitronenwasser und
wandern zum Berg Nasser ….

Im Hotel Montrealonyr ist es schön
und auch selber kreativ zu sein ist
ganz schön ….. bei den Blumen oanz
machen wir freudig sportlich einen
Indianertanz …..

Systemischer Eishockeysport und
lachen ist molto creativo und auch
erfolgreich im Sportastdium „oitivo"
und wir feiern als New York Rangers
team und all NHL teams mit
glücklich sein unseren „NHL Stanley
Cup oitivo with skiing and
icehockeyplaying and sports doing

and technical working and nature
enjoying for Hunzi family and
teaming and sporting and smiling and
thinking and doing".

Mit schöner Sportgymnastik und
Natur schauen und beastaunen
wandern wir dann weiter nach Los
Angeles ins Indianerland „King" und
freuen uns ganz einfach und auch
bunt mit schönen balletting …..

freudig kreativ zu sein ist fein …..
Der Meerestrand in Los Angeles ist
ganz groß und die Natur ist
wunderschön und ganz modisch bunt
bekleidet wandern wir weiter ins
schweizerische Chur …..

Schön feiern in der Kirche und auch
Heirati und fröhlicher
Blumenschmuck und viel Lachen
und dies heißt auf schweizerisch

„Scherzi" und abends dann schön schauen zum Stern „Herzi" …..

Am Zürichsee ist es schön in der Natur zu sein und mit sporteln zu sein und eine einzigartig schöne „Indianerwanderung" zu machen und auch gut wohnen in der Märchenburg „Rung" und dort auch schön kreativ zu sein und auf schweizerisch heißt dies auch „wiffelen" und im Kindergarten spielen wir lachend mit den Schiffelen …..

Ein Ehering ist einzigartig schön und ich höre auch gerne die Glocke ring

Die Blumen sind schön in der Vase
und freudig läuft und ruht in der
Natur der Hase.

Wonderfulling in heart and deep is ever Big Love family feeling and celebrating wedding ring and NHL ring in colours white and blue and red and golden and silver and grey and rosa and orange and nature feeling with the flowers ….. (= in englischer Sprache)

Ewigi schön und tief und freudigstrahlend mit lachen im Herzen ist ewig das schöne Große Liebe Gefühl mit Familie sein und Ehering feiern und NHL Ring in den Farben weiß und blau und rot und goldig und silbern und grau und rosafarben und orangefarben und schönes wundervolles Gefühl mit den Blumen ….. (= in deutscher Sprache)

Bei der Kirche in Rapperswil und in der Kirche freudig mit Heirati und Hochzeit zu sein und Fasching mit dem Kind und den Kindern und der Familie und Sportfreunden und Bekannten zu feiern ist auch natürlich und technisch schön und dann auch sportlich sein mit einem NHL Sportverein und dann auch weiterwandern zum Fluss Nil in Ägypten und schön wohnen bei den Pyramiden .....

Die Große Liebe ist schön ewig im
Herzen und es ist auch schön zu
scherzen …..

Schöne bunte Blumenvasen tragen wir gerne über den Rasen zum NHL Natur Museum und NHL Sport Museum und dies ist einzigartig blumig schön in der Indianerregion luen.

In Indianerland Chicago ist viel Wiesenland und schöne Seen und bunte Indianerzelte und bezaubernde Indianerhäuser …. NHL Sport ist in Chicago mit den Chicago Blackhawks und schön ist ewig feiern den „NHL Stanley Cup blumig für Chicago Blackhawks team with team captain Peter Oberfrank – Hunziker and family and team ….." und schön wandern ist im Indianerland mit der Gitarre in der Hand und schön musizieren und zuhause dann schauen und die Wände bunt tapezieren ….. im Wald besuchen wir gerne als Familie und

Sportteam Chicago Blackhawks die
Papageien und die Drachen Haleien
und bei den waldigen indianischen
Märchenabenden gibt es viel zu
lachen …..

Eine schöne clownige Wanderung ist
buntig nach Miami und in Miami
sehe ich gerne mit grinselen wie die
Wiesel schnell wiselen und als
Zauberer verkleidet ist dann am
Strand auch gerne ET mit seiner
Truhe und wir sehen und spüren alle
gerne am Miami Strand die
Naturruhe ….. wir genießen
Orangensaft und die südländische
Frucht Maracuja und gehen spaßig
und locker zur Kirchenregion „Huja"
…..

Als ewiger NHL Spieler und
Nashville Predator stehe ich gerne
auch mit einer Rose beim Kirchentor
und gemeinsam mit den Kindern
gehen wir in Miami zur
Palmenregion Lirche und
schwimmen im Meer zirche und
genießen und wohnen ganz easy und
cheasy am Miami Strand im Hause
„Heasy" …..
Beim Sportstadien „Heasy sportying"
ist das feiern auch ganz fein easy …..
wedding is unique in heart and being
with family and nature enjoying and
joyfulliying with sports doing
indiany and funny …..
(= in englischer Sprache)
heiraten is einzigartig schön im
Herzen und auch mit der Familie sein
und Natur genießen und spaßig sein
beim Sport machen und glücklich
sein …..
(= in deutscher Sprache)

The weather is beautiful and I like
enjoying writing and reading a letter
(= in englischer Sprache)

Das Wetter ist wunderschön und es
freuen sich die Raben und ich
genieße es freudig zu schreiben und
zu lesen einen Buchstaben
(= in deutscher Sprache)

American Indian region „lana" is
also called harmony and there are
many trees zaramony and many
monkeys so called rony .....
(= in englischer Sprache)

Indianerregion „lana" ist auch
bezeichnet Harmonie ujd dort gibt es
viele Bäume Larmonie und viele
Affen mit Bezeichnung ironie
.....
(= in deutscher Sprache)

Bei der Sendung „Wetten dass ….."
regnet der Regen in Miami oft ganz
nass …..

In Miami ist es schön am
Meeresstrand zu laufen und
Sportgymnastik machen bei den
Bäumen Eichen und bunt wundervoll
zeichnen die Indianerzeichen …..
schön gemeinsam mit meiner
hübschen netten strengen Ehefrau
und Kindern laufen wir weiter zu den
Miami Kirchen bei den Bäumen
Lirchen und heiraten im Herzen ewig
schön ….. das Wetter ist heiter und
wir gehen und laufen weiter zum
Miamihaus beachihaus ….. schön ist
es abends zu laufen am Meerestrand
wieder mit einem Schwein und zu
schauen wie die Affen gaffen und
dann spät abends alle gemeinsam
wieder schön Sterne schauen …..

Hippie Familie Hunziker zu sein ist
ewig fein und buntig wandern wieder
nach Chicago und schön schauen wie
die Wassergeysire die Blumen und
Wiesen gießen und die kleinen
Wasserfälle die Blumen und Wiesen
gießen und es ist auch schön die
Blumen und Wiesen mit Gießkannen
zu gießen ….. wieder in Chicago und
schön wohnen in den
Indianerhäusern und schön tanzen im
creativo Haus und singen halihalo
und good christmasing und dann
schön faschingsmäßig weiterlaufen
mit der Maus und dann am See beim
Wiesenstrand schön ruhen bei den
Ostertruhen …..
es ist eine wunderschöne
Modenschau in Chicago sagt freudig
Didi Hallervorden und steht spaßig
vor den Bäumen und beim Haus
Träumen singen wir froh
Chicagohoho und sehen beim

Adlerhorst auch ganz schön die
Schaben und die Bienenwaben und
das Bienerle ganz nett lachen beim
Kirchele …..

Ach sagt Didi Hallervorden in der
Früh ganz gern und ich schaue in
Chicago freudig zum Morgenstern
und gemeinsam wandern wir dann
zum Chicago Bach und sehen und
hören die Papageien beim gackern
und sehen ganz ruhig die kleinen
Chicago Vulkane beim flackern …..
ach ist die Natur so schön und
gemeinsam wandern wir bei
Sonnenschein wieder nach Miami
und besuchen dort bei Mondschein
ganz gerne die Discothek „Lach" und
sehen auch schön die Meereswellen
und tanzend und lachend und
glücklich und fröhlich sind wir beim
feiern am Meerestrand und sehen
auch schön fliegen die Geiern …..

In Miami freuen sich die Haselen und gehen mit Freude zum NHL Museum Vaselen …..

Gutes und schönes Miami Lachen im Herzen und sich freuen beim Sportstadion „Yiami" mit sportlichen sein und scherzen und herzlich sein bei der Kirche und der schönen Hauswohnregion Lirche und herzlich glücklich sein beim Meerestrand pirche …..

New York Rangers feiern schön und gut und wie im Traum und sind herzlich lachend ewig beim Meeresschaum …..

Ewige Große Liebe Herz mit schön
sein und lachen ….. und einzigartig
freudig sein und familiär sein und
indianisch sein und Hippie sein

Geburtstag feiern ist so schön und
herzlich und freudig glücklich sein
mit der Familie und mit
Sportfreunden und Naturfreunden
und Bekannten und schön ewig
tanzen ist ganz fein bei Sonnenschein
und Mondschein im Tanzpalast beim
Baumland langer Ahornast …..

nice is forever in heart
(= in englischer Sprache)

nett sein und herzlich sein ist für
immer und ewig schön einzigartig im
Herzen
(= in deutscher Sprache)

nature enjoying with NHL sports funny
doing (= in englischer Sprache)
Natur genießen und NHL Sport machen
und herzlich lachen (= in deutscher
Sprache)

Happy (= in englischer Sprache)

glücklich sein (= in deutscher
Sprache)

smiling (= in englischer Sprache)

lachen und freudig sein (= in
deutscher Sprache)

NHL sport (= in englischer Sprache)

NHL Sport (= in deutscher Sprache)

Indianerland und Hippieland luen ist
eine schöne Naturregion mit
Blumengarten und NHL
Sportstadium und Opernhaus und
Tanzhaus und Kinotheaterhaus und
Clownhaus und Hippiehaus ….. und
da freut sich die Maus …..

Happy wedding is also funny wedding (= in englischer Sprache)

Glückvolles heiraten ist auch spaßiges heiraten (= in deutscher Sprache)

San Francisco dreaming way is a wonderful american indian way and Hippie way and journeying all planets and funfull returning to luen city land and housing in „Indianerhaus" and „zuckele house" …..
(= in englischer Sprache)

San Francisco ist eine Naturstaqdt und eine NHL Sportstadt und NHL Museumsstadt und Indianerstadt und Hippiestadt und schönes überall reisen und zurückkehren zum Geburtsort und zur Heimat im Indainerhaus und Zuckerle Haus schön sein …..
(= in deutscher Sprache)

laughing (= in englischer Sprache)

lachen und im Herzen mit
Einzigartigkeit glücklich sein
(= in deutscher Sprache)

In Chicago ist das Indianer sein und
Hippie sein schön und wundervoll
und wir als Familie feiern mit ET
und Sportfreunden und
Naturfreunden und Bekannten und
Sportfans und Schiedsrichtern und
allen Blumen und Pflanzen mit viel
spaßigen Tanzen im
Indianertanzpalast glanzvoll …..
dann auch feudiges ruhen und gut
schlafen und freudig bei
Sonnenaufgang sehen den Tanzgang
von vielen Schafen …..

Schönes gemeinsames buntes
weiterwandern nach Flandern in der
Indianerregion luen und nach Afrika
Naturregion und wieder zurück zur
Indianerregion luen und ruhiges und
schönes feiern bei den
Weihnachtskerzen und mit scherzen
und im Musiktanzpalast „Herz"
wieder tanzen und im Palmenwald
schön die Tiere und Pflanzen sehen
und auch hören und glücklich sein
und fein hören die Nachtigall mit
dem Laut yall und ich tanze gerne
faschingsmäßig verkleidet als Pfau
mit meiner hübschen strengen
herzlichlachenden Ehefrau und
unseren Kindern und Familie und ich
bin schön modisch gekleidet bei
unserer Heirat in der Herzkirche und
bei der Wiese sehen wir schön die
Esel und sind freudig und hören
schön das wiehern der Esel und es ist
schön die Sterne schauen im Weltall.